APPRENANTS JUNIORS
TOUT SUR
CHIENS
CHARLOTTE THORNE

copyright Thomasine Media 2023

les images sont sous licence et appartiennent à leurs propriétaires respectifs.

www.thomasinemedia.com

ISBN : 979-8-8690-0072-9

APPRENANTS JUNIORS

TOUT SUR CHIENS

CHARLOTTE THORNE

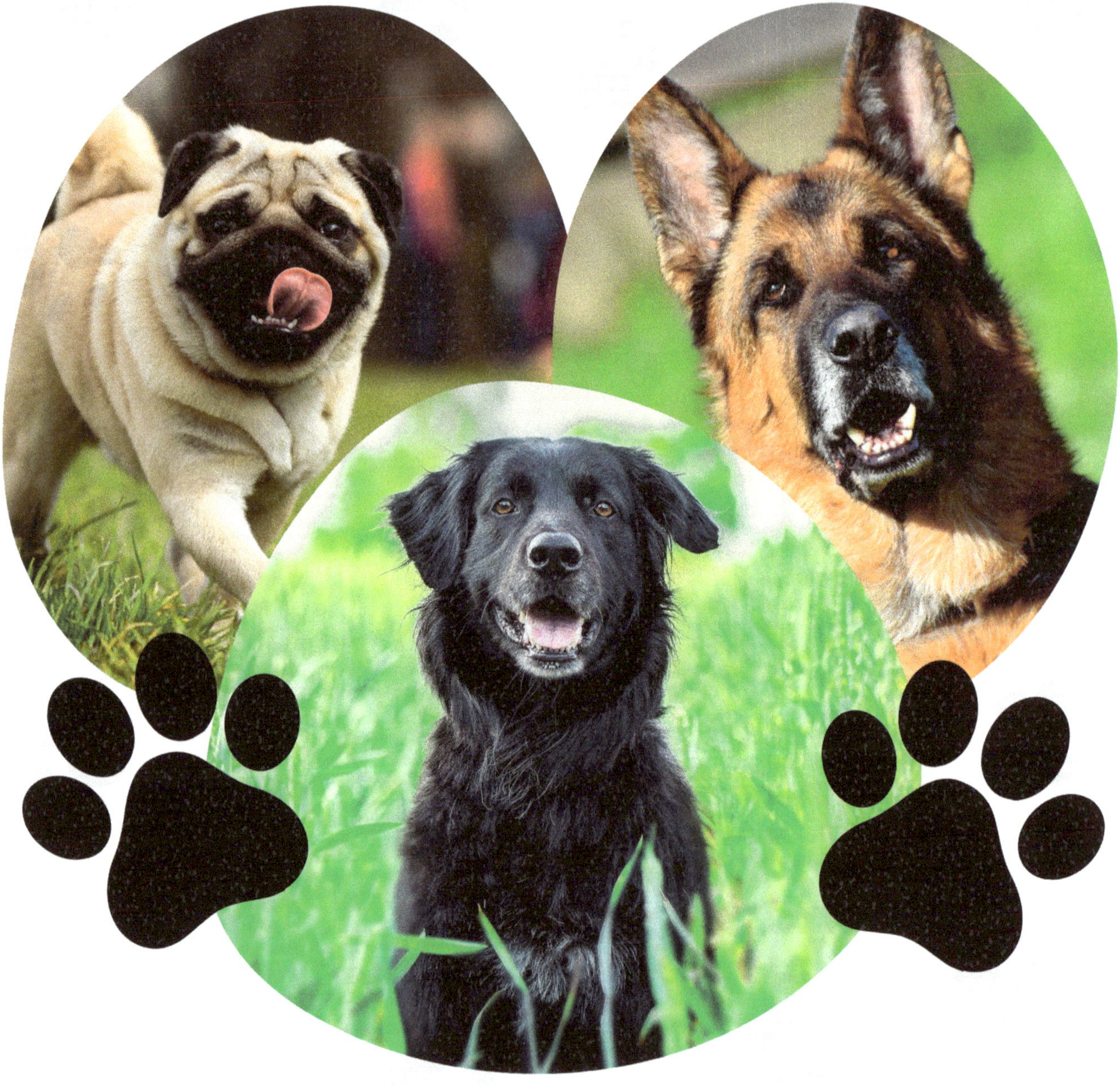

Les chiens sont souvent considérés comme les meilleurs amis de l'homme. Ce sont des animaux étonnants qui vivent avec les humains depuis très longtemps.

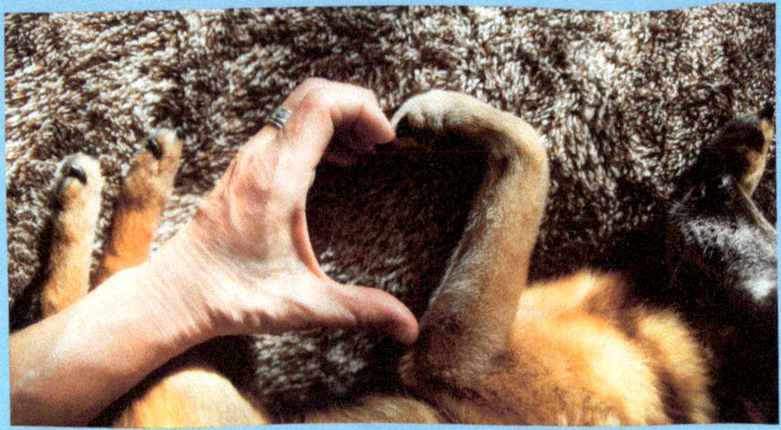

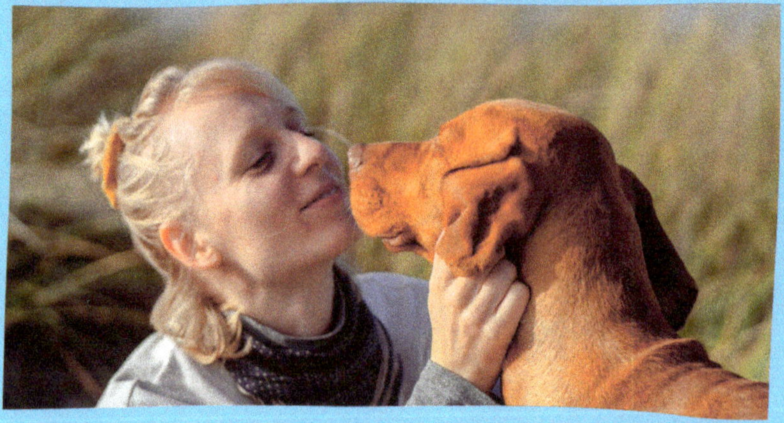

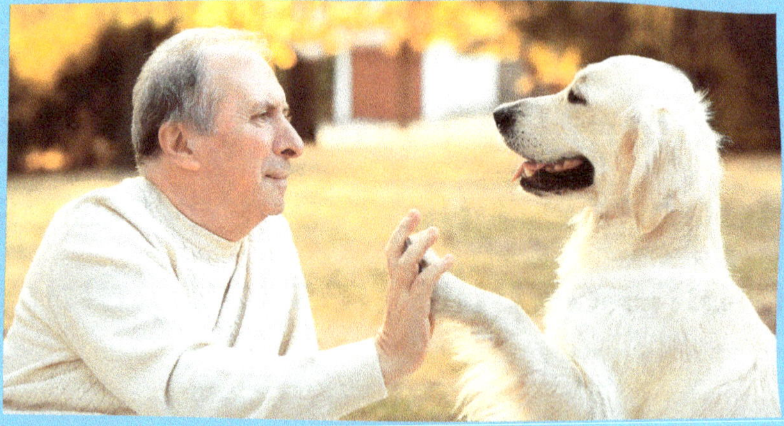

La domestication des chiens remonte au loup gris. La domestication signifie que les humains ont apprivoisé un animal pour qu'il vive avec nous.

Grâce à l'élevage sélectif, les humains ont créé tous les types d'emplois pour les chiens !

Dans l'Egypte ancienne, le dieu Anubis avait une tête de chacal, animal apparenté aux chiens.

Une célèbre peinture rupestre d'Europe représente d'anciens humains chassant avec d'anciens chiens.

Pendant la guerre, les chiens servaient d'animaux de guerre et aidaient les soldats dans leurs tâches dangereuses.

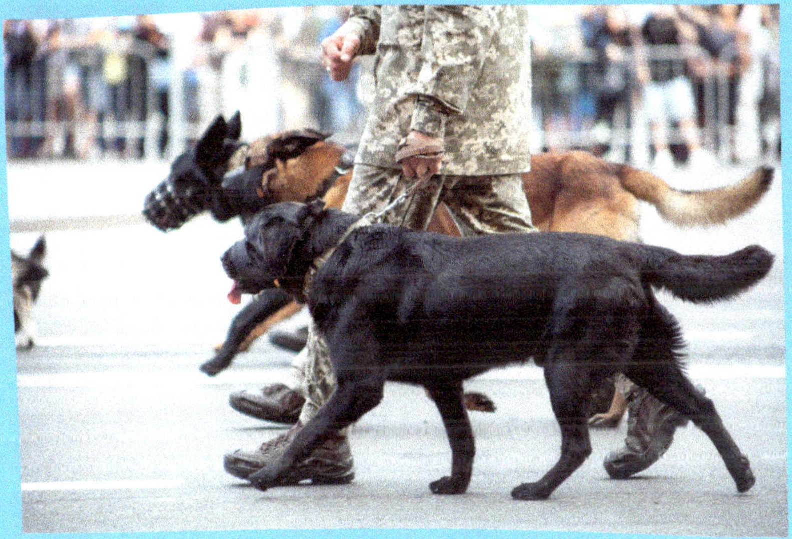

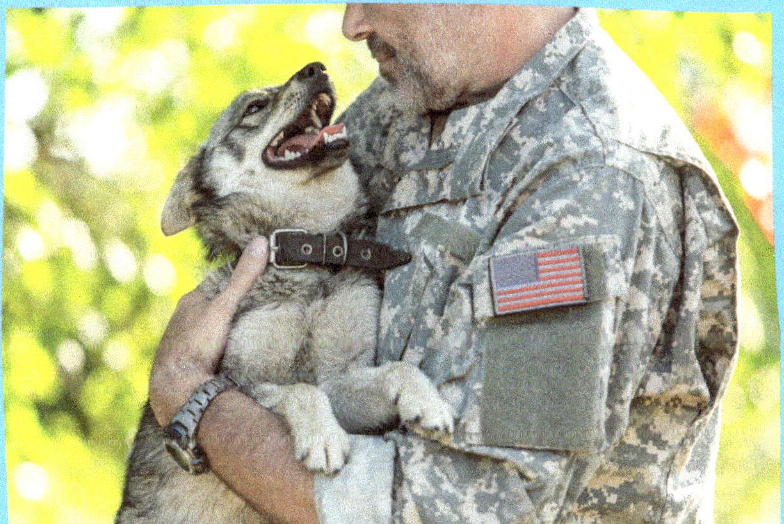

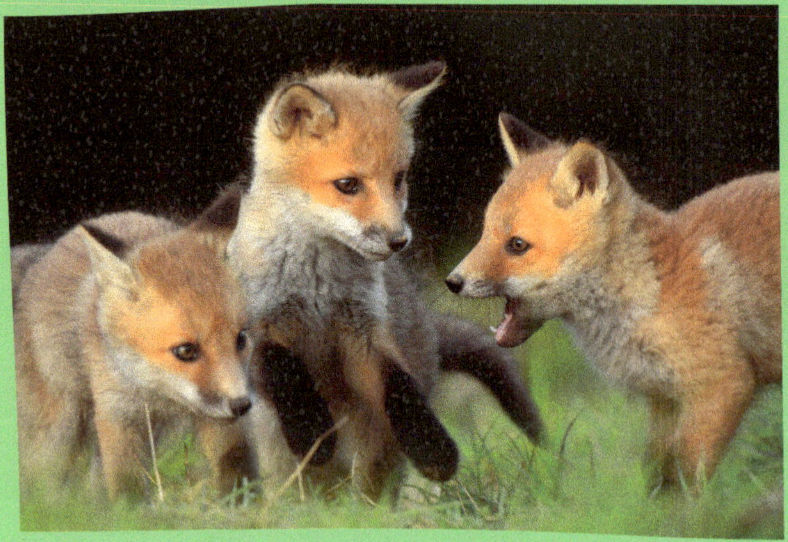

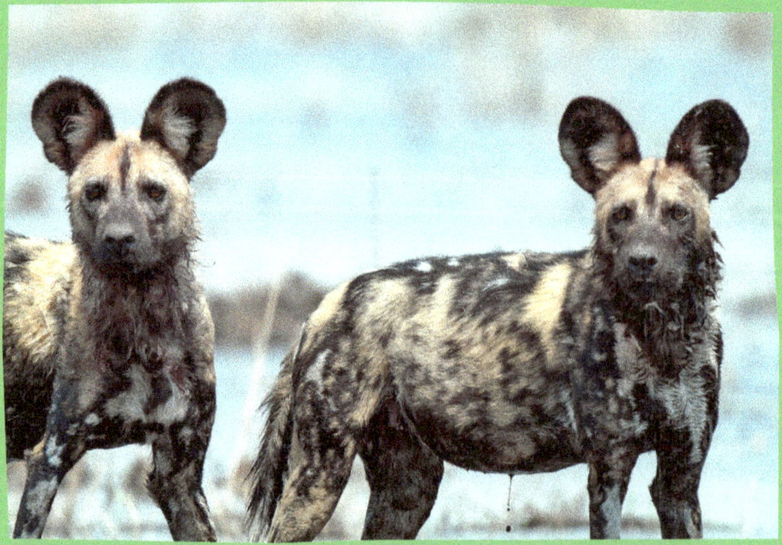

Les chiens appartiennent à la famille des Canidés. La famille des Canidés comprend également les loups, les renards et autres chiens sauvages.

Les chiens peuvent sentir beaucoup de choses car ils possèdent 300 millions de récepteurs.

Leur audition est incroyable. Ils peuvent entendre des sons à haute fréquence que nous ne pouvons pas entendre.

Il existe de nombreux chiens célèbres à travers le monde.

Lassie the Rough Collie est une icône dans les livres, les films et la télévision. Elle est connue pour ses missions de sauvetage.

Balto le Husky a dirigé une équipe de chiens de traîneau à travers l'Alaska en 1925. Ils ont livré un médicament important aux humains malades.

Rin Tin Tin, le berger allemand, était l'un des acteurs canins les plus célèbres et est considéré comme la première star de cinéma canine au monde.

Jetons un coup d'œil aux différentes races de chiens.

Les Labrador Retrievers sont des chiens amicaux. Ils ont un amour pour l'eau.

Les bergers allemands sont intelligents et forts. Ce sont des chiens de travail et ont des traits de protection.

Les Golden Retrievers sont des races ludiques et populaires. Ils sont beaux et remplis de personnalité.

Les bouledogues sont ridés et ont un corps trapu. Ce sont des chiots affectueux.

Les beagles sont des chiens curieux et sont utilisés pour la chasse. Ils ont les oreilles tombantes.

Les caniches sont l'une des races de chiens les plus intelligentes et sont connus sous le nom de chiens de fantaisie.

Les rottweilers sont des chiens puissants. Ce sont des bébés adorables.

Les Yorkshire Terriers sont de petits paquets d'énergie. Ils portent de longs manteaux et adorent voyager dans des sacs à main.

Les boxeurs sont des chiots joueurs. Ils ont une tête carrée et adorent être actifs.

Les teckels sont de longs chiens « hot-dogs », ce qui les rend uniques. Ils ont un grand esprit pour un petit corps !

Les Huskies de Sibérie tirent des traîneaux et sont des chiens très vocaux et amicaux. Ils ont aussi des yeux bleu vif.

Les Doberman Pinscher sont des chiens élégants et forts. Ce sont des gardiens protecteurs.

Les Shih Tzu sont de petits chiens de compagnie. Ce sont des animaux de compagnie très sympathiques.

Les grands danois sont des chiens très grands. Ils peuvent être très doux.

Les Border Collies sont agiles et intelligents. Ils ont beaucoup d'énergie.

Les chiens de berger des Shetland sont des chiens entendants. Ils sont connus pour leur épaisse crinière de fourrure.

Les chihuahuas sont petits mais ont un grand cœur. Ils sont gentils quand ils sont respectés.

Les Pembroke Welsh Corgis sont petits mais ont de grandes oreilles. Étonnamment, ce sont des chiens qui entendent.

Les Saint-Bernard sont connus pour leur travail de sauvetage. Ce sont de gentils géants.

Les bergers australiens sont des animaux de compagnie intelligents et agiles. Ils travaillent comme chiens de berger.

Les carlins sont de petites mignonnes ridées. Ils ont un caractère très joueur mais têtu.

Les Malamutes d'Alaska sont des chiens de traîneau et peuvent survivre dans les climats froids.

Les Terriers australiens sont petits avec un pelage rugueux. Ils font d'excellents animaux de compagnie.

Les Basenjis ont des hurlements semblables à ceux d'un yodel. Ce sont des chiens super intelligents et indépendants.

Les Bichon Frisés ressemblent à des nuages. Ils ont des personnalités joyeuses.

Les limiers ont des oreilles tombantes et un excellent odorat. Ils sont également utilisés lors des sauvetages.

Les Boston Terriers ont des manteaux de smoking. Ce sont des chiots sympathiques.

Les Cavalier King Charles Spaniels ont les meilleures personnalités ainsi que de jolis manteaux.

Les Cocker Spaniels ont de longues oreilles soyeuses et ont un air de classe.

Les Mastiffs anglais sont des chiens géants ! Ils sont calmes et mignons.

Les Akitas sont des animaux de compagnie nobles. Ils sont connus pour leur épaisse fourrure.

Les Maltais sont de petits chiens blancs BCBG et ils aiment l'attention.

Les chiens de montagne birmans sont très grands mais très doux.

Les Poméraniens sont de petits chiens moelleux. Ils ont des personnalités audacieuses.

Les Rhodesian Ridgebacks ont une « crête » de poils sur le dos. Ils sont utilisés pour la chasse.

Les Setters irlandais sont des chiens élégants et dynamiques. Ce sont des beautés extraverties.

Les oreilles de Papillon ressemblent à des papillons. Ce sont des mignonnes sympathiques.

Les Whippets sont ultra rapides, très agiles et doux avec leurs humains.

Les Shar-Peis sont très ridés. Ce sont des chiens fidèles et protecteurs.

Les Dalmatiens sont des chiens énergiques et sont le symbole officiel des casernes de pompiers.

Les chiens aident les humains au quotidien.

De nombreux chiens travaillent comme animaux d'assistance et aident les personnes handicapées.

Les chiens de recherche et de sauvetage travaillent pour localiser les personnes disparues lors de catastrophes.

Les chiens travaillent aux côtés de la police. Les chiots qui ne réussissent pas la formation vont dans des familles aimantes.

Les chiens de thérapie apportent un soutien émotionnel aux personnes hospitalisées et dans le cadre de la sécurité publique.

Les chiens occupent une place importante dans notre vie quotidienne. Il est important de prendre soin des chiens. Ce ne sont pas seulement des travailleurs acharnés, mais aussi des membres importants de nos familles !

Milton Keynes UK
Ingram Content Group UK Ltd.
UKHW050643031223
433412UK00012B/30